Koch dich nach Israel

TANJA DUSY

Koch dich nach Israel

30 GENUSSVOLLE FERNWEH-REZEPTE

EMF

EIN BUCH DER EDITION MICHAEL FISCHER

Inhalt

– S. 14 –

– S. 34 –

- S. 50 -

- S. 76 -

So schmeckt Israel

Entdecken und genießen

Israel ist ein wahrer Schmelztiegel unterschiedlichster Völker und Nationen: Juden und Jüdinnen aus aller Herren Länder fanden dort ebenso eine neue Heimat wie Flüchtlinge aus den Krisengebieten des Nahen Ostens. In diesem bunten Völkergemisch mit unterschiedlichsten Traditionen, Lebens- und Essgewohnheiten bildete sich die Kernzelle dessen, was wir heute als eine neue Levante-Küche kennen und lieben lernen: eine bunte Mischung vor allem nahöstlicher und mediterraner Küchentraditionen aus besten frischen Zutaten, die vor allem durch junge und ambitionierte israelische Köch*innen immer weiterentwickelt wird.

WÜRZIG UND VOLLER AROMA

Wer israelisch kochen möchte, sollte daher unbedingt sein Gewürzregal erweitern: Kreuzkümmel, Kardamom und Zimt stehen vielleicht schon drin, aber jetzt wird es Zeit, auch Sumach, Zatar und Baharat willkommen zu heißen! Es ist gar nicht so unendlich viel Neues, aber eben doch mehr als nur Salz und Pfeffer, das dieser Küche Würze und Pep verleiht. Ungewohnte Kombinationen aus Chilischärfe, saurem Sumach und süßem Granatapfel eröffnen neue Aromenwelten, die so viel mehr sind als fertige Falafeln und abgepackter Hummus aus dem Kühlregal. Mit Tahin (Sesammus), Granatapfelmelasse und Berberitze wandert noch mehr Geschmack auf unsere Teller. Kraftvolle, aromatische Gewürze sowie der großzügige Umgang mit frischen, auch mediterranen Kräutern machen die Küche Israels einzigartig.

GESELLIG UND GASTFREUNDLICH

Bunt, offen und gastfreundlich, auch das bedeutet Levante-Küche. Nicht zuletzt, weil ihre Gerichte einfach ideal sind für lässigen, entspannten Genuss, den man problemlos teilen kann. Eine einladende Mezze-Tafel mit verschiedensten kleinen Gerichten bietet für alle etwas: Egal ob vegetarisch oder vegan, Fleischesser*in, Low-Carb-Fan oder Rohköstler*in – alle sitzen versöhnlich vereint an einer Tafel und genießen gemeinsam. Auch das ist typisch: Alles kommt zusammen auf einen Tisch, man bedient sich ungezwungen mit den Händen und hat die Möglichkeit, verschiedene Gerichte gleichzeitig zu probieren. Das sieht bei einem europäisch geprägten Mehr-Gänge-Menü ganz anders aus, wo mit Messer und Gabel hantiert wird, dasselbe zum selben Zeitpunkt auf jedem Teller liegt und die Gastgeber*innen zwischen Küche und Esstisch hin- und herspringen müssen.

GENIESSEN WIE IN ISRAEL – EINE GEBRAUCHSANWEISUNG

Dieses Buch ist eine Anleitung zum gemeinsamen Genießen, zum Einladen und (Mit-)Feiern: Die meisten Gerichte sind so ausgelegt, dass sie alleine 4 Personen satt und glücklich machen. Kommen mehr Leute dazu, sollte man es wie bei einer Mezze-Tafel halten, bei der entsprechend mehr Schälchen aufgetragen werden. Einfach ein weiteres Rezept dazunehmen. So kommt Vielfalt zustande und für alle gibt es garantiert etwas Passendes. Idealerweise kombiniert man innerhalb einer Mezze-Tafel kalte und warme Gerichte, etwas mit Fisch, Fleisch und ganz viel mit Gemüse in Form von Salat, gegartem und eingelegtem Gemüse. Dazu Dips und Cremes, Saucen und kleine Knabbereien und natürlich Brot, das in vielen Fällen dann auch das Besteck ersetzt. Damit auch die Gastgeber*innen ohne Stress mitfeiern können, lassen sich viele (vor allem kalte) Gerichte wunderbar vorbereiten.

Ein Land, viele Möglichkeiten!

MEZZE

Bei den Mezze stehen gemeinschaftliches Essen und lockeres Zusammensein ganz im Vordergrund. Die kleinen Häppchen werden in vielen Schälchen auf einer gemeinschaftlichen großen Platte serviert oder lose in der Mitte des Tisches platziert, damit sich die gesamte Tafelrunde bequem bedienen kann. Mezze können dabei Vorspeise und opulenter Auftakt eines mehrgängigen Essens sein. Genauso oft sind sie aber auch der einzige Menüpunkt. Es gibt einfach zahlreiche Mezze und im Verlauf des Abends werden immer weitere, neue Schälchen aufgetragen. In der Regel startet man dabei klein mit etwas zum Knabbern, ein paar Oliven, etwas Salat, Brot, Hummus und Joghurt zum Dippen. Danach kommen meist Gemüse- und Eier-Mezze, gefolgt von Fisch- und Fleisch-Mezze, die von sehr klein (ein paar frittierte Sardinen) bis ziemlich groß (ein ganzer Fisch oder Fleischspieße) reichen können. Dabei können warme wie kalte Gerichte zusammen serviert werden. Gegessen wird oft ganz ungezwungen mit den Fingern oder einem Stückchen Brot, mit dem Dips oder Häppchen mit Sauce aufgenommen werden können.

Bei jeder guten Mezze-Tafel ist es wichtig, dass sich Farben, Konsistenzen und Aromen der Gerichte ergänzen: ein paar cremige Dips, etwas Knuspriges zum Knabbern und Gemüse auf unterschiedlichste Weise gegart. Dazu gibt es am besten reichlich Fladenbrot. Rohkost zum Dippen darf ebenfalls nicht fehlen und auch Oliven, eingelegtes Gemüse und (gesalzene) Nüsse zum Knabbern dürfen mit auf die Platte.

Auch eine rein vegetarische Mezze-Tafel ist alles andere als undenkbar, denn viele der typischen Mezze-Klassiker sind vegetarisch, z. B. Hummus, Baba Ganoush, Labneh oder Falafeln. Fleisch vermisst hierbei niemand und Vegetarier*innen werden doppelt glücklich, weil es nicht nur jede Menge Gemüse gibt, sondern auch Milchprodukte oder pflanzliches Eiweiß in Form von Bohnen, Linsen oder anderen Hülsenfrüchten.

Wer dann noch Platz hat, schließt mit einem Dessert oder einer Auswahl kleiner Desserts und Gebäckspezialitäten ab. Wenn eine Mezze-Tafel derartig üppig ausfällt, werden dazu gerne Anis-Aperitifs wie Arak und Raki oder Wein getrunken.

HUMMUS

Hummus bedeutet im Arabischen schlicht „Kichererbse". Kein Wunder, denn Kichererbsen sind auch die unbestrittene, wesentliche Grundzutat der gleichnamigen Spezialität, die im gesamten Levante-Raum zu finden ist. Über die übrigen Zutaten oder gar die Zubereitung lässt sich dann trefflich streiten: Die einen lieben es cremig, fluffig, die anderen trockener und leicht stückig. Manche tröpfeln einfach nur etwas Olivenöl darüber, in Israel dagegen liebt man „Hummus kawarma", also Hummus getoppt mit gebratenem Lammfleisch. Jede „Hummusia", ein traditionelles Lokal, in dem Hummus von früh morgens bis mittags angeboten wird, kennt seine eigene, spezielle Würze, sein ganz eigenes Rezept. Fast immer mit dabei sind jedoch Tahin, Knoblauch und Zitronensaft.

FALAFELN

Falafeln gelten heute als das Nationalgericht Israels. Doch die kleinen frittierten Bällchen aus eingeweichten Kichererbsen und Gewürzen finden sich in vielen Ländern des arabischen Raums und stammen in ihrer Urform wahrscheinlich sogar aus Ägypten. Wem die Ehre gebührt, das Gericht nun tatsächlich erfunden zu haben, ist neben bedeutend Größerem ein anhaltender Streitpunkt zwischen Israelis und Araber*innen. Einigkeit herrscht allerdings in der Überzeugung, dass beinahe nichts über die köstlichen Bällchen geht! Falafeln sind eigentlich ein sehr einfaches oder sogar Arme-Leute-Essen. Serviert einfach nur mit Tehina (Sesamsauce, siehe S. 18) und ein paar Scheibchen Gemüse, gibt es sie als preiswerte Sattmacher an jeder Straßenecke. Daneben haben sie sich zum fancy All-inclusive-Imbiss gemausert und es so auch bis nach Europa und darüber hinaus geschafft: in Pitabrote gepackt, dick mit Salat, Tehina oder Hummus versehen oder in immer neuen Rezepturen wie z. B. mit Süßkartoffel oder Roter Bete.

ISRAELI BREAKFAST

Entstanden ist die Tradition des „Israeli Breakfast" in den Kibbuz-Einrichtungen des Landes, in denen das Wohl der Gemeinschaft an oberster Stelle steht: Dort nahm man frühmorgens, vor der Feldarbeit, lediglich ein kleines, leichtes Frühstück ein und gönnte sich später, wenn es zu heiß zum Arbeiten wurde, ein zweites, üppigeres Frühstück: mit Eiergerichten, frischen Salaten, Rohkost und Oliven, kombiniert mit herrlichen Dips wie z. B. Hummus oder Baba Ganoush und Milchprodukten wie z. B. Frischkäse, Labneh und anderen Käsesorten. Diese Tradition, bereits zum Frühstück von einem reichen Buffet zu schlemmen, etablierte sich schließlich auch in vielen Cafés und Restaurants. Rührei und gebratenen Bacon sucht man hier jedoch vergeblich: Die orthodoxen Speisevorschriften verbieten den Genuss von Milch(produkten) und Fleisch in einer Mahlzeit (Fisch ist dagegen erlaubt). Wie gut, dass da die arabischen Nachbar*innen eine derartige Vielzahl an vegetarischen und sogar veganen Gerichten kennen, die die gläubigen Jüdinnen und Juden problemlos in ihren Speiseplan integrieren konnten und die heute wichtiger Bestandteil jedes Frühstücksbuffets sind!

STREET FOOD

Auf den riesigen Märkten wie z. B. dem Carmel-Markt in Tel Aviv oder dem Mahane-Yehuda-Markt in Jerusalem bieten unzählige Stände Street Food vom Feinsten: Frisch gegrilltes Fleisch, Shawarma, Fisch oder Falafeln werden in tellergroße Brotfladen gepackt. Obenauf kommen knackige Salate, Gemüsepickles, würzige Saucen und bundweise gehackte Kräuter. Und genau deswegen stehen die Kund*innen hier Schlange: Sie wollen frisches und vielfältiges Essen, das rundum satt macht – den Magen und die Seele gleichermaßen. Hier ist Fast Food echtes Slow Food aus saisonalen, superaromatisch schmeckenden Zutaten, die aus dem Umland stammen.

SÜßES & DESSERT

Tee oder Kaffee? Im Nahen Osten darf es beides sein. Stark gesüßter Schwarz- oder Minztee ist in vielen Regionen ebenso verbreitet wie Kaffee, der häufig wie türkischer Mokka ebenfalls stark gesüßt und mit Kardamom gewürzt wird. Bei einer oder eher mehreren Tassen Kaffee oder Tee werden Geschäfte abgeschlossen, Politik verhandelt oder einfach nur geplaudert. Dazu gehört dann im Regelfall immer etwas kleines Süßes, das die Herbheit des Getränks neutralisiert. Auch zu Hause wird Besucher*innen zuerst einmal Kaffee oder Tee mit etwas Gebäck oder Konfekt serviert. Das Angebot an Süßigkeiten und Desserts ist vielfältig; häufig sirupgetränkt, mit Rosen- oder Orangenblütenwasser aromatisiert, mit Nüssen und süßen Datteln zubereitet. In Israel gesellt sich zu dem typischen arabischen Nasch- und Backwerk vieles aus der Backtradition europäischer Juden und Jüdinnen, wie etwa Challah (Hefezopf) oder gefüllte Hefekränze und Rugelach (gefüllte Hörnchen).

Rezepte

Grüne Falafeln

Der Klassiker

FÜR 4 PERSONEN

250 G GETROCKNETE KICHERERBSEN

1 KLEINE ZWIEBEL

2 KNOBLAUCHZEHEN

½ BUND KORIANDERGRÜN

⅓ BUND PETERSILIE

1 EL ZITRONENSAFT

1 TL BACKPULVER

2–3 EL MEHL (TYPE 405)

1 TL GEMAHLENER KREUZKÜMMEL

½ TL GEMAHLENER KORIANDER

¼ TL CHILIPULVER

SALZ, PFEFFER

ÖL ZUM FRITTIEREN

ZUBEREITUNG

Die Kichererbsen in eine ausreichend große Schüssel geben und mit reichlich kaltem Wasser übergießen – sie verdoppeln so fast ihr Volumen! Mindestens 12 Stunden (über Nacht) quellen lassen.

Am nächsten Tag die Kichererbsen in ein Sieb abgießen, gründlich kalt abbrausen und abtropfen lassen. Zwiebel und Knoblauch schälen und grob würfeln. Die Kräuter waschen, trocken schütteln und mit den Zweigen grob zerschneiden. Anschließend alles mit dem Zitronensaft mischen und portionsweise im Mixer zerkleinern; es sollte eine nicht zu feine oder gar cremige Masse entstehen, eher so, dass alles klein und leicht krümelig ist und sich gerade eben verbindet, wenn man es mit den Fingern zusammendrückt.

Backpulver mit Mehl mischen, dann die Gewürze und 2–3 EL Wasser untermengen, sodass eine gut zusammenhaftende, aber nicht zu feuchte Masse entsteht. Mit Salz und Pfeffer würzen, dann mit der Kichererbsenmasse vermengen und zugedeckt 1 Stunde im Kühlschrank ziehen lassen.

Aus der Kichererbsenmasse mit angefeuchteten Händen etwa walnussgroße Bällchen formen. Diese gut zusammenpressen, damit sie beim Frittieren nicht auseinanderfallen. In einem Topf oder einer Fritteuse das Öl erhitzen (ca. 180 °C). Um zu testen, ob das Öl heiß genug ist, kann man einen hölzernen Kochlöffelstiel ins heiße Fett halten. Steigen daran sprudelnd kleine Perlen auf, dann hat das Öl die richtige Temperatur.

Die Falafelbällchen portionsweise ins heiße Fett geben und in 4–5 Minuten knusprig braun frittieren. Dabei nicht zu viele Bällchen auf einmal ins Fett geben. Herausheben und auf Küchenpapier abtropfen lassen. Sofort servieren oder im 90 °C heißen Backofen warm halten.

Tipp

Wer möchte, macht gleich mehr Falafeln und friert sie, gut abgekühlt, portionsweise ein. Dann auftauen lassen und im 180 °C heißen Ofen auf dem Backrost 5–10 Minuten erhitzen.

Goldene Süßkartoffel Falafeln

FÜR 4 PERSONEN

2 SÜßKARTOFFELN (À CA. 250 G)

1 ZWIEBEL

2 KNOBLAUCHZEHEN

2 ZWEIGE MINZE

1 KLEINER ZWEIG ROSMARIN

2 DOSEN KICHERERBSEN (À 400 G FÜLLGEWICHT)

2–3 EL MEHL (TYPE 405)

½ TL BACKPULVER

½ TL GEMAHLENER KREUZKÜMMEL

½ TL GEMAHLENE KURKUMA

¼ TL CHILIPULVER

SALZ, PFEFFER

OLIVENÖL ZUM BESTREICHEN

ZUBEREITUNG

Den Backofen auf 200 °C (Ober-/Unterhitze) vorheizen. Die Süßkartoffeln ringsherum gründlich mit einer Gabel mehrmals tief einstechen und auf ein mit Alufolie ausgelegtes Blech legen. Im heißen Ofen (Mitte) ca. 45–60 Minuten garen, dabei einmal wenden. Wenn die Süßkartoffeln sich leicht mit einem Messer einstechen lassen, sind sie gar.

Süßkartoffeln aus dem Ofen nehmen, abkühlen lassen, dann längs aufschneiden und das Fruchtfleisch mit einem Löffel aus der Schale herauskratzen. Zwiebel und Knoblauch schälen und grob hacken. Kräuter waschen, trocken schütteln, Blättchen bzw. Nadeln abzupfen und fein hacken. Kichererbsen in ein Sieb abgießen, kalt abbrausen und abtropfen lassen. Alles fein in der Küchenmaschine pürieren, dann Mehl, Backpulver und die Gewürze untermischen. Mit Salz und Pfeffer würzen, 30 Minuten zugedeckt kühl stellen.

Den Backofen erneut auf 200 °C (Ober-/Unterhitze) vorheizen, ein Blech mit Backpapier auslegen. In der Zwischenzeit die Teigmasse mit angefeuchteten Händen zu Bällchen und diese dann zu flachen Plätzchen formen. Die Falafeln rundum mit Öl bestreichen und auf das Blech legen. Im heißen Ofen (Mitte) 35–40 Minuten backen, nach der Hälfte der Zeit wenden.

Süßkartoffel-
Falafeln
Rote-Bete-
Falafeln

Rote-Bete-Falafeln

aus dem Ofen

FÜR 4 PERSONEN

2 ROTE BETEN (CA. 350 G)

1 KNOBLAUCHZEHE

3 ZWEIGE THYMIAN

50 G WALNUSSKERNE

2 EL SESAM

1 DOSE KICHERERBSEN (400 G FÜLLGEWICHT)

3–4 EL MEHL (TYPE 405)

½ TL GETROCKNETER OREGANO

2 TL GEMAHLENER KREUZKÜMMEL

½ TL SUMACH (GEWÜRZ)

SALZ, PFEFFER

OLIVENÖL ZUM BESTREICHEN

ZUBEREITUNG

Die Roten Beten schälen und auf der Rohkostreibe fein raspeln (Gummihandschuhe tragen). Knoblauch schälen, Thymian waschen, trocken schütteln, Blättchen abzupfen und beides grob hacken. Mit Walnüssen und Sesam im Blitzhacker grob mahlen. Kichererbsen in ein Sieb abgießen, kalt abbrausen und abtropfen lassen.

Kichererbsen mit der Hälfte der Rote-Bete-Raspel grob pürieren, dann mit übrigen Bete-Raspeln, der Knoblauch-Walnuss-Masse, Mehl, Oregano, Kreuzkümmel und Sumach vermengen, mit Salz und Pfeffer würzen. Den Teig abgedeckt 30 Minuten kühl stellen.

Den Backofen auf 200 °C (Ober-/Unterhitze) vorheizen, ein Blech mit Backpapier auslegen. Den Teig mit angefeuchteten Händen erst zu Bällchen, diese dann zu flachen Plätzchen formen, rundum mit Öl bestreichen und auf das Blech legen. Im heißen Ofen (Mitte) 40–50 Minuten backen, nach der Hälfte der Zeit wenden.

Tipp

Falafeln isst man in Israel gern mit Tehina – so nennt man die Sauce aus Tahin, Knoblauch, Zitronensaft und Wasser, die dort ähnlich wie bei uns Maggiwürze oder Ketchup zu fast allem gereicht wird.

Gewürz Hummus

FÜR 4 PERSONEN

1 DOSE KICHERERBSEN (400 G FÜLLGEWICHT)

1 KNOBLAUCHZEHE

1 ½ EL TAHIN

1 ZITRONE

½ ORANGE

4 EL OLIVENÖL

½ TL GEMAHLENER KREUZKÜMMEL

⅓ TL GEMAHLENE KURKUMA

⅓ TL EDELSÜßES PAPRIKAPULVER

2–3 MSP. CHILIPULVER

SALZ, PFEFFER

ZUBEREITUNG

Die Kichererbsen in ein Sieb abgießen, dabei die Einweichflüssigkeit auffangen. Den Knoblauch schälen und grob würfeln, dann mit Tahin und Kichererbsen in eine hohe Schüssel oder in ein Mixgefäß geben. Die Zitrone und die halbe Orange auspressen. Den Orangensaft und die Hälfte des Zitronensafts mit Olivenöl und den Gewürzen in das Mixgefäß geben.

Alles möglichst fein mit dem Stabmixer pürieren, dabei so viel von der Kichererbsen-Einweichflüssigkeit zugeben, dass eine cremige Masse entsteht. Anschließend mit Salz und Pfeffer und eventuell nochmals mit Zitronensaft abschmecken.

Tipp

Hummus wird normalerweise einfach in Schälchen zum Dippen mit Brot oder zu Gemüsesticks gereicht, manchmal aber auch als Unterlage auf (Pita-)Sandwichs etwa bei Falafeln (S. 14–18) oder Sabbich (S. 54).

Gewürz-
Hummus

Rote-Bete-
Hummus
Kürbis-
Hummus

Kürbis Hummus

FÜR 4 PERSONEN

½ BUTTERNUSSKÜRBIS (OBERE HÄLFTE; CA. 500 G)

1 KLEINE KNOBLAUCHZEHE

1 EL OLIVENÖL

1 TL RAS EL HANOUT (SIEHE S. 62)

¼ TL CHILIPULVER

SALZ, PFEFFER

2 EL TAHIN

2 EL GRIECHISCHER JOGHURT (10 % FETT)

1 TL ZATAR (GEWÜRZMISCHUNG, SIEHE TIPP)

1–2 SPRITZER ZITRONENSAFT

ZUBEREITUNG

Den Backofen auf 200 °C (Ober-/ Unterhitze) vorheizen. Falls nötig, verbliebene Kerne und Fasern gut aus dem Kürbis herauskratzen, dann den Kürbis waschen, die Schale dabei dran lassen. Knoblauch schälen und in Stifte schneiden. Das Kürbisfleisch mehrmals leicht einstechen und den Kürbis mit den Knoblauchstiften spicken – diese dabei tief ins Fruchtfleisch stecken, bis sie nicht mehr sichtbar sind. Die Kürbis-Schnittfläche mit Öl bepinseln und mit Ras el Hanout und Chilipulver bestreuen, leicht salzen und pfeffern.

Den Kürbis mit der Schnittfläche nach oben auf ein Blech stellen und im heißen Ofen (Mitte) ca. 45 Minuten garen, dabei ein- bis zweimal wieder mit dem ausgetretenen Saft bepinseln. Der Kürbis ist gar, wenn er sich mit einem spitzen Messer butterweich einstechen lässt. Kürbis herausnehmen und abkühlen lassen.

Das weiche Kürbisfleisch mit einem Löffel aus der Schale herausschaben. Mit Tahin, Joghurt und Zatar cremig pürieren, dann mit Zitronensaft, Salz und Pfeffer würzen.

Tipp

Zatar ist eine in Israel häufig verwendete Gewürzmischung. Man kann sie fertig kaufen oder ganz einfach selbst herstellen: Dazu 4 EL hellen Sesam in einer Pfanne ohne Fett leicht braun rösten. Abkühlen lassen, dann mit 3 EL Sumach, je 1 EL getrocknetem Oregano und Thymian und ½ TL grobem Meersalz im Mörser nicht zu fein verreiben. In einem dunklen Schraubglas aufbewahren.

Rote Bete Hummus

FÜR 4 PERSONEN

450 G ROTE BETE

50 G WALNUSSKERNE

1 KLEINE KNOBLAUCHZEHE

1 EL TAHIN

1 TL GRANATAPFELMELASSE (FERTIGPRODUKT)

3 EL ZITRONENSAFT

2 EL OLIVENÖL

¾ TL GEMAHLENER KREUZKÜMMEL

½ TL GEMAHLENER KORIANDER

SALZ, PFEFFER

ZUBEREITUNG

Den Backofen auf 200 °C (Ober-/Unterhitze) vorheizen. Die Rote Bete gründlich waschen und Wurzeln und Stielansätze so wegschneiden, dass die Haut so wenig wie möglich verletzt wird. Die Rote Bete zusammen in Alufolie wickeln und auf dem Backrost (Mitte) in 1½–2 Stunden weich garen. Sie ist fertig, wenn sie sich mit einem spitzen Messer leicht und ohne jeden Widerstand einstechen lässt. Dann aus dem Ofen nehmen, aus der Alufolie wickeln und abkühlen lassen.

Inzwischen die Walnusskerne in einer Pfanne ohne Fett leicht braun rösten, dann herausnehmen und abkühlen lassen.

Die abgekühlte Rote Bete schälen und in grobe Stücke zerschneiden (dazu am besten Gummihandschuhe tragen, da sie abfärbt). Die Stücke in eine Schüssel oder in ein hohes Mixgefäß geben, das sich zum Pürieren eignet.

Knoblauch schälen und zur Roten Bete pressen. Die Walnusskerne grob zerbrechen und mit Tahin, Granatapfelmelasse, Zitronensaft und Olivenöl ebenfalls zu der Roten Bete geben. Alles mit dem Stabmixer cremig pürieren, alternativ alle Zutaten in der Küchenmaschine fein pürieren. Nach Belieben mit Kreuzkümmel, Koriander, Salz und Pfeffer würzen.

Ofentomaten

Hummus

FÜR 4 PERSONEN

800 G KIRSCHTOMATEN (MIT MÖGLICHST DICKER, FESTER HAUT)

2 KNOBLAUCHZEHEN

3 ZWEIGE THYMIAN

4 EL ACETO BALSAMICO

6 EL OLIVENÖL

SALZ, PFEFFER

2 TL ZUCKER

3 EL PINIENKERNE

1 DOSE KICHERERBSEN (400 G FÜLLGEWICHT)

½ ORANGE

1 ZITRONE

1 EL TAHIN

½ TL GEMAHLENER KREUZKÜMMEL

⅓ TL GEMAHLENE KURKUMA

3–4 EL PIMENTÓN DE LA VERA (GERÄUCHERTES PAPRIKAPULVER)

1 EL GRANATAPFELMELASSE (FERTIGPRODUKT)

2 STÄNGEL BASILIKUM

ZUBEREITUNG

Den Backofen auf 180 °C (Ober-/Unterhitze) vorheizen. Die Tomaten waschen und längs halbieren, dann die Hälften mit der Schnittfläche nach oben möglichst dicht an dicht in eine dafür passende ofenfeste Form setzen. Knoblauch schälen, quer halbieren, die Hälften in dünne Scheiben schneiden und zwischen die Tomaten stecken. Thymian waschen, trocken schütteln, Blättchen abzupfen, fein hacken und über die Tomaten streuen.

Die Tomaten mit Aceto balsamico und Olivenöl beträufeln, anschließend salzen, pfeffern und mit Zucker bestreuen. Die Tomaten im heißen Ofen (Mitte) 40–50 Minuten garen, dabei zwischendurch ein- bis zweimal mit dem austretenden Saft begießen. Die Tomaten sollten am Ende leicht eingeschrumpelt und etwas gebräunt sein. Dann nochmals mit etwas Öl begießen, Grill zuschalten und die Tomaten leicht bräunen. Herausnehmen und abkühlen lassen.

Inzwischen die Pinienkerne in einer Pfanne ohne Fett goldbraun rösten, dann herausnehmen und abkühlen lassen. Kichererbsen in ein Sieb abgießen und abtropfen lassen, dabei die Einweichflüssigkeit auffangen. Orangen- und Zitronensaft auspressen.

Von den Tomaten 200 g abnehmen (dazu etwas von dem Garsud) und mit den Kichererbsen, dem gesamten Orangen- und zwei Dritteln Zitronensaft, Tahin, Kreuzkümmel, Kurkuma, Pimentón de la Vera und Granatapfelmelasse fein pürieren. Dabei so viel von der Einweichflüssigkeit der Kichererbsen mitpürieren, bis eine schöne, cremige Masse entsteht. Mit Salz, Pfeffer und Zitronensaft abschmecken.

Basilikum waschen, trocken schütteln, die Blättchen abzupfen und in Streifen schneiden. Den Hummus in ein Schälchen geben und glatt streichen. Die übrigen Tomaten samt Garsud möglichst mittig daraufhäufen. Mit Pinienkernen und Basilikum bestreuen.

Burikas
mit Schafskäsefüllung

FÜR 4 PERSONEN

450 G TK-BLÄTTERTEIG
250 G RICOTTA
150 G SCHAFSKÄSE (FETA)
40 G PARMESAN
4 STÄNGEL MINZE
½ BUND DILL
1 EI (GRÖßE M)
1 TL SPEISESTÄRKE
SALZ, PFEFFER
ETWAS MEHL FÜR DIE ARBEITSFLÄCHE
1 EIGELB (GRÖßE M)
2 TL SCHWARZKÜMMELSAMEN

ZUBEREITUNG

Den Blätterteig in einzelne Platten teilen und auf einem Kuchengitter so lange auftauen, bis er weich und biegsam, aber auf keinen Fall zu weich oder gar klebrig ist.

Inzwischen den Ricotta in eine Schüssel geben. Schafskäse trocken tupfen und mit einer Gabel fein zerdrücken. Den Parmesan auf der Reibe fein reiben. Beides unter den Ricotta rühren. Minze und Dill waschen und gut trocken schütteln bzw. trocken tupfen. Blätter von der Minze und Spitzen vom Dill zupfen und fein hacken, dann mit dem Ei unter die Ricottamasse rühren. 1 gestrichenen TL Stärke darüberstreuen und ebenfalls gründlich unterrühren. Die Masse vorsichtig mit Salz und Pfeffer würzen – sie sollte pikant schmecken, aber nicht zu salzig (der Käse ist im Regelfall bereits recht salzig).

Den Backofen auf 200 °C (Ober-/Unterhitze) vorheizen, ein Blech mit Backpapier auslegen. Die angetauten Blätterteigplatten übereinanderlegen und auf einer leicht bemehlten Arbeitsfläche zu einem Quadrat von 40 x 40 cm ausrollen. Das Teigquadrat in 16 kleine Quadrate von 10 x 10 cm schneiden. Nun die Käsemasse gleichmäßig auf der Mitte dieser Quadrate verteilen. Die Ränder ringsum ca. 1 cm breit mit kaltem Wasser bestreichen und jedes Quadrat diagonal über die Füllung zu einem Dreieck zusammenfalten. An den Rändern gut festdrücken.

Die Teigtaschen auf dem Backblech mit etwas Abstand zueinander verteilen. Das Eigelb mit ca. 2 EL kaltem Wasser verquirlen und die Taschen damit bestreichen. Schwarzkümmelsamen gleichmäßig daraufstreuen. Die Teigtaschen im heißen Ofen (Mitte) 20–25 Minuten knusprig dunkelbraun backen. Herausnehmen und auf einem Kuchengitter lauwarm abkühlen lassen. Sie schmecken am besten lauwarm, aber auch abgekühlt – perfekt zum Mitnehmen im Picknickkorb oder für die Mittagspause.

Tipp

Wer möchte, kann auch kleine, 7–8 cm große Kreise (mithilfe eines Ausstechers oder Glases) ausstechen und diese über der Füllung zu Halbmonden zusammenklappen. Die Burikas sind kleine, feine Häppchen zu einem Aperitif oder auf dem Mezze-Buffet.

Auberginen
mit Granatapfel-Joghurt

FÜR 4 PERSONEN

4 KLEINE AUBERGINEN

1 KNOBLAUCHZEHE

4–5 EL OLIVENÖL

SALZ, PFEFFER

400 G GRIECHISCHER JOGHURT (10 % FETT)

1 TL GEMAHLENER KREUZKÜMMEL

1 KLEINER GRANATAPFEL

⅓ BUND KORIANDERGRÜN

ZUBEREITUNG

Den Backofen auf 220 °C (Ober-/Unterhitze) vorheizen. Die Auberginen waschen und längs halbieren, dabei den Stielansatz nicht entfernen. Den Knoblauch schälen und fein zerdrücken. Die Hälfte davon mit 3 EL Olivenöl verrühren. Auf der Schnittfläche der Auberginen diagonal mit einem Messer in ca. 1 cm Abstand knapp ebenso tiefe Streifen einschneiden, dabei am Rand nicht so tief, damit die Haut schön ganz bleibt. Dann von der anderen Seite ebenfalls diagonale Schnitte einschneiden, sodass ein gitterförmiges Muster entsteht. Die Auberginenhälften großzügig mit dem Knoblauchöl bepinseln, salzen und pfeffern.

Die Auberginen auf ein mit Backpapier ausgelegtes Blech legen und im heißen Ofen (Mitte) ca. 45 Minuten garen (dabei eventuell nochmals mit Knoblauchöl bepinseln), bis sie obenauf schön gebräunt sind und das Fruchtfleisch weich ist. Währenddessen den übrigen Knoblauch mit Joghurt, übrigem Öl und Kreuzkümmel zu einer glatten Creme verrühren, nach Belieben mit Salz und Pfeffer würzen.

Den Granatapfel rund um den Stielansatz trichterförmig nach innen einschneiden und den Stielansatz entfernen. Dann den Granatapfel mit den Fingern an dieser Stelle auseinanderbrechen und die Fruchtkerne aus Schale und Trennwänden herauslösen. Koriandergrün waschen, trocken schütteln, Blättchen abzupfen und grob hacken.

Die Auberginen aus dem Ofen nehmen und auf einer Platte auslegen. Joghurt auf den noch lauwarmen Auberginen verteilen oder diese zuerst vollständig abkühlen lassen. Zum Schluss großzügig mit Granatapfelkernen und Koriandergrün bestreuen.

Zucchiniröllchen

mit Ziegenkäse

FÜR 4 PERSONEN

2 MÖGLICHST DICKE ZUCCHINI (À CA. 300 G)

ÖL ZUM BRATEN

40 G WALNUSSKERNE

6 ZWEIGE THYMIAN

150 G CREMIGER ZIEGENFRISCHKÄSE

2 TL DUKKAH (GEWÜRZMISCHUNG, SIEHE TIPP)

SALZ, PFEFFER

AUßERDEM

HOLZSPIEßCHEN

ZUBEREITUNG

Zucchini waschen, die Enden wegschneiden, die Zucchini anschließend längs in dünne Scheiben schneiden – das geht sehr gut mit der Brotschneidemaschine. Ausreichend Öl in einer beschichteten Pfanne erhitzen. Darin die Zucchinischeiben bei mittlerer Hitze garen, bis sie leicht bräunen und gut biegsam sind, ohne zu weich zu werden. Herausnehmen und auf Küchenpapier abtropfen lassen.

Die Walnusskerne klein hacken. Thymian waschen, trocken schütteln, Blättchen abzupfen und fein hacken. Mit Walnüssen und Frischkäse verrühren, mit Dukkah, Salz und Pfeffer würzen. Zucchinischeiben nochmals mit Küchenpapier trocken tupfen. Dann etwas Käsecreme jeweils auf dem unteren Drittel jeder Zucchinischeibe mittig verteilen, die Zucchini vorsichtig, jedoch fest von dieser Seite her aufrollen und mit Holzspießchen feststecken.

Tipp

Dukkah ist ursprünglich eine ägyptische Gewürzmischung mit Nüssen und Saaten (Sesam). Sie wird gerne als kleine Vorspeise in Schälchen zusammen mit Olivenöl gereicht. Dazu gibt es Brot und Rohkost, die beide erst in Öl und dann in die Gewürzmischung gedippt werden.

Auberginen mit
Granatapfel-Joghurt
Zucchiniröllchen
mit Ziegenkäse

Hähnchen-Kebab

mit Joghurtmarinade

FÜR 4 PERSONEN

800 G HÄHNCHENBRUSTFILET

200 G GRIECHISCHER JOGHURT (10 % FETT)

2 KNOBLAUCHZEHEN

½ LIMETTE

1 TL GEMAHLENER KORIANDER

½ TL GEMAHLENER KREUZKÜMMEL

1 TL EDELSÜßES PAPRIKAPULVER

½ TL CHILIPULVER

SALZ, PFEFFER

1 GROßE ZWIEBEL

20 G BUTTER

AUßERDEM

6–8 METALL-GRILLSPIEßE

ZUBEREITUNG

Hähnchenfleisch kalt abspülen, trocken tupfen und in ca. 3–4 cm große Stücke schneiden. Joghurt in eine große Schüssel geben. Knoblauch schälen und dazupressen. Die Limette auspressen und 3 EL des Safts mit den Gewürzen und dem Joghurt verrühren. Kräftig salzen und pfeffern. Das Fleisch zugeben und alles gut durchmischen. Zugedeckt im Kühlschrank 12 Stunden marinieren.

Den Grill anheizen oder alternativ den Backofen auf 225 °C (Ober-/Unterhitze) vorheizen. Zwiebel schälen, quer halbieren und die Hälften in 2–3 cm breite Stücke schneiden. Abwechselnd je 2–3 Stücke mariniertes Hähnchenfleisch und 1 Zwiebelstück auf den Spieß stecken. Das Fleisch nochmals mit abgetropfter Marinade bepinseln.

Die Fleischspieße auf dem Grill 10–15 Minuten grillen, dabei mehrmals so wenden, dass sie rundum schön gebräunt werden. Inzwischen die Butter in Flöckchen schneiden. Die Butterflöckchen auf dem Fleisch verteilen und die Kebabs weitere 3–5 Minuten grillen, bis sie leicht gebräunt sind. Vom Grill nehmen, kurz ruhen lassen.

Alternativ für die Zubereitung im Ofen die Spieße auf ein Backblech legen und im Backofen (oben) 12–15 Minuten garen, zwischendurch wenden. Dann den Grill zuschalten, die Butterflöckchen auf dem Fleisch verteilen und die Kebabs weitere 3–5 Minuten grillen, bis sie leicht gebräunt sind. Aus dem Ofen nehmen, kurz ruhen lassen.

Hähnchen-
Kebab
Lamm-
Kebab

Lamm-Kebab

mit Kräutermarinade

FÜR 4 PERSONEN

800 G LAMMFLEISCH (AUS DER KEULE)

1 ZWIEBEL

2 KNOBLAUCHZEHEN

1 BUND KORIANDERGRÜN

½ BUND PETERSILIE

1 BIO-ZITRONE

3 EL OLIVENÖL

½ TL CHILIFLOCKEN

½ TL GEMAHLENER KREUZKÜMMEL

½ TL EDELSÜßES PAPRIKAPULVER

¼ TL GEMAHLENER KARDAMOM

SALZ, PFEFFER

AUßERDEM

6–8 METALL-GRILLSPIEßE

ZUBEREITUNG

Das Lammfleisch kalt abspülen und trocken tupfen, dann in ca. 4 cm große Stücke schneiden. Die Zwiebel und den Knoblauch schälen und grob zerschneiden. Die Kräuter waschen und gut trocken schütteln bzw. trocken tupfen. Die Kräuter mit den Stängeln grob zerschneiden. Die Zitrone heiß waschen, abtrocknen, Schale fein abreiben und den Saft auspressen.

Zwiebel, Knoblauch, Kräuter, Zitronenschale und 3 EL Zitronensaft mit dem Öl fein pürieren. Dann die Gewürze unterrühren, kräftig salzen und pfeffern. Das Fleisch mit der Marinade in einer Schüssel (oder in einem großen Gefrierbeutel) mischen und zugedeckt im Kühlschrank 12 Stunden (über Nacht) marinieren.

Den Grill anheizen oder alternativ den Backofen auf 180 °C (Ober-/Unterhitze) vorheizen. Das Fleisch auf die Spieße stecken und auf dem Grill 10–12 Minuten grillen, dabei mehrmals so wenden, dass es rundum schön gebräunt wird. Alternativ die Spieße in einer Grillpfanne rundum kräftig anbraten, dann nebeneinander in eine ofenfeste Form legen und im heißen Backofen (oben) 15–20 Minuten fertig garen.

Tipp

Egal ob für Kebab, Köfte oder auch Shawarma – auf Spieße gesteckt gart Fleisch ganz unkompliziert über offenem Feuer. Darum haben viele der typischen Mangal-Grills extra Kerben am Rand zum Einlegen der Spieße.

כר עמר אבן כטאב
ميدان عمر بن الخطاب
OMAR IBN EL-KHATTAB SQ

Zatar
Graved Lachs

FÜR 4 PERSONEN

2 STÜCKE GANZ FRISCHER LACHS MIT HAUT (SIEHE TIPP)

1 KLEINE BIO-ZITRONE

1 GROßES BUND DILL

½ TL SCHWARZE PFEFFERKÖRNER

2 EL ZATAR (GEWÜRZMISCHUNG, S. 22)

50 G GROBES (MEER-)SALZ

30 G BRAUNER ZUCKER

AUßERDEM

FRISCHHALTEFOLIE

ZUBEREITUNG

Den Lachs nach eventuell noch vorhandenen Gräten abtasten und diese herauszupfen (das geht am besten mit der Grätenzange oder einer normalen, sauberen Pinzette). Dann kalt abspülen und gut trocken tupfen. Die Zitrone heiß waschen, abtrocknen und die Schale nicht zu fein abreiben bzw. mit einem Zestenreißer abziehen. Dill waschen, gut trocken schütteln und zusätzlich trocken tupfen. Spitzen abzupfen und nicht zu fein hacken. Die Pfefferkörner in einen Mörser geben und grob zermahlen, anschließend mit Zatar, Salz und Zucker mischen.

Die Fischstücke mit der Hautseite nach unten nebeneinanderlegen – am besten in eine ausreichend große Schale mit etwas höherem Rand – und gleichmäßig mit der Gewürzmischung bestreuen. Die Gewürzmischung ganz leicht mit den Fingern ins Fischfleisch einmassieren, dann die Zitronenschale und den Dill daraufstreuen. Ein Filet mit der bestreuten Seite nach unten auf das andere legen und beides gut andrücken.

Die Fischfilets in der Schale vollständig mit Frischhaltefolie abdecken, dann ein Brett in Größe des Fischstücks auf die Fischfilets legen und beschwert mit vollen Flaschen oder Konserven in den Kühlschrank stellen, sodass die Filets so stark wie möglich zusammengepresst werden. Den Lachs 2 Tage im Kühlschrank beizen, dabei die Lachsstücke nach 1 Tag wenden, sodass das obere anschließend unten liegt, und dieses zuvor mit etwas von dem ausgetretenen Saft beträufeln. Die Filets anschließend wieder fest zusammendrücken, erneut beschweren und kühl stellen.

Am dritten Tag die Filets auseinandernehmen und mit Küchenpapier leicht trocken tupfen. Anschließend mit einem scharfen, dünnen Messer (am besten ein Fleisch- oder Filetiermesser) schräg in nicht zu dünnen Scheiben von der Haut schneiden.

Avocado Joghurt Dip

FÜR 4 PERSONEN

2 KLEINE REIFE AVOCADOS

½ BIO-LIMETTE

120 G GRIECHISCHER JOGHURT (10 % FETT)

SALZ, PFEFFER

⅓ BUND SCHNITTLAUCH

2 EL GEHACKTE PISTAZIENKERNE

ZUBEREITUNG

Die Avocados längs halbieren, die Kerne entfernen und das Fruchtfleisch aus der Schale löffeln. Die Limette heiß waschen, abtrocknen, die Schale fein abreiben und den Saft auspressen. Den Schalenabrieb und 1 EL Saft mit dem Avocadofleisch und dem Joghurt fein pürieren. Mit Salz, Pfeffer und eventuell nochmals Limettensaft abschmecken. Den Schnittlauch waschen, trocken schütteln, in feine Röllchen schneiden und unterheben. Zum Servieren den Avocado-Joghurt-Dip mit gehackten Pistazienkernen bestreuen.

Tipp

Für den Lachs im Fischhandel am besten den vorderen Teil eines ganzen Lachses verlangen und diesen gleich dort in zwei Filets schneiden und entgräten lassen – so passen die beiden Seiten gut aufeinander und ergeben aufgeschnitten schöne, gleichmäßig große Scheiben.

Süßkartoffel-
Latkes

Avocado-Joghurt-Dip
Zatar-Graved-Lachs

Süßkartoffel Latkes

FÜR 4 PERSONEN

700 G SÜßKARTOFFELN

1 GROßE ZWIEBEL

3 ZWEIGE THYMIAN

1 TL KREUZKÜMMELSAMEN

SALZ, PFEFFER

2–3 MSP. CHILIPULVER

2 EIER (GRÖßE M)

4–5 EL MAISMEHL (ALTERNATIV SEMMELBRÖSEL)

BUTTERSCHMALZ ZUM BRATEN

ZUBEREITUNG

Die Süßkartoffeln schälen und auf einer Rohkostreibe grob raspeln. Möglichst breitflächig auf einem sauberen Geschirrtuch ausbreiten, mit einem zweiten Tuch abdecken und gut ausdrücken, dann auf dem Tuch ruhen lassen.

Inzwischen die Zwiebel schälen und fein würfeln. Den Thymian waschen, trocken schütteln, Blättchen abzupfen und fein hacken. Die Kreuzkümmelsamen mit einem schweren Messer grob hacken. Zwiebeln, Thymian und Kreuzkümmel mit den Süßkartoffelraspeln in eine Schüssel geben, kräftig mit Salz, Pfeffer und Chili würzen. Dann Eier und Maismehl unterarbeiten.

In einer großen, beschichteten Pfanne ausreichend Butterschmalz erhitzen. Die Kartoffelmasse esslöffelweise abnehmen, als Häufchen in die Pfanne geben und mit dem Löffelrücken platt streichen. Bei mittlerer bis großer Hitze beidseitig jeweils 2–3 Minuten braun braten. Herausnehmen und auf Küchenpapier abtropfen lassen. Die fertigen Latkes im 90 °C warmen Ofen warm halten und den Rest des Teiges wie beschrieben fertig braten.

Bulgursalat

Taboulé

FÜR 4 PERSONEN

50 G FEINER BULGUR (SIEHE TIPP)

3 TOMATEN

5 FRÜHLINGSZWIEBELN

3–4 BUND PETERSILIE (CA. 200 G)

3 ZWEIGE MINZE

5–6 EL ZITRONENSAFT

4–5 EL OLIVENÖL

SALZ, PFEFFER

1 KLEINER ROMANASALAT (NACH BELIEBEN)

ZUBEREITUNG

Den Bulgur etwa 10–15 Minuten in reichlich kaltem Wasser einweichen, anschließend in ein Sieb abgießen und nochmals mit kaltem Wasser abspülen.

Währenddessen die Tomaten waschen und halbieren, dabei den Stielansatz entfernen, sehr fein würfeln und den Saft auffangen. Die Frühlingszwiebeln waschen, putzen und mit dem Grün in nicht zu feine Ringe schneiden. Petersilie und Minze waschen, gut trocken schütteln. Minzeblätter von den Stielen zupfen.

Die Petersilie mitsamt Stielen zu festen Büscheln zusammenfassen, gut festhalten und mit einem scharfen Messer von den Stielen zu den Blattenden hin quer in feine Stücke schneiden. Auf keinen Fall hacken, damit die Blätter nicht matschig werden. Minzeblätter übereinanderlegen und im Bündel fein schneiden.

Die Kräuter, Frühlingszwiebeln und Tomaten samt Saft mit dem Bulgur in eine Schüssel geben. 4–5 EL Zitronensaft und Öl verrühren und mit gut ½ TL Salz verrühren, pfeffern. Das Dressing mit den Salatzutaten mischen und mit Salz, Pfeffer und eventuell nochmals Zitronensaft abschmecken. Nach Belieben den Romanasalat in einzelne Blätter teilen, diese waschen und gut trocken tupfen. Den Salat in die gewölbte Seite der Blätter füllen und so servieren.

Tipp

Feinen Bulgur bekommt man im türkischen Lebensmittelgeschäft; er muss nur kurz eingeweicht und nicht gegart werden.

Taboulé
Gegrillter Auberginensalat

Baba Ganoush

Gegrillter Auberginensalat

FÜR 4 PERSONEN

- 4 GROßE AUBERGINEN
- 2 KNOBLAUCHZEHEN
- SALZ
- 2 EL ZITRONENSAFT
- PFEFFER
- 2 MSP. CHILIPULVER (NACH BELIEBEN)
- 5–6 EL OLIVENÖL
- ⅓ BUND PETERSILIE
- 2 ZWEIGE BASILIKUM
- 2 ZWEIGE MINZE

ZUBEREITUNG

Den Backofengrill erhitzen und ein Backblech mit Alufolie auslegen. Die Auberginen lediglich waschen und mit einem spitzen Messer mehrmals ringsum tief einstechen (ansonsten könnten sie in der Hitze des Ofens „explodieren"). Die Auberginen auf das Blech legen und unter dem Grill (oben) 45–60 Minuten grillen, dabei nach jeweils 15–20 Minuten wenden, sodass sie ringsum fast anbrennen. Am Ende sollte das Innere der Auberginen ganz weich sein, die Schale eingefallen und trocken wirken.

Die Auberginen auskühlen lassen, dann längs aufschneiden und das Fruchtfleisch mit einem Löffel herauslösen. In ein Sieb geben und etwa 30 Minuten abtropfen lassen.

Für das Dressing den Knoblauch schälen, fein hacken und dann zusammen mit 1 Prise Salz fein zermusen. Das Knoblauchmus mit dem Zitronensaft mischen, kräftig mit Salz, Peffer und nach Belieben mit Chili würzen, dann das Öl unterschlagen.

Die Kräuter waschen, trocken schütteln, die Blättchen abzupfen und fein hacken. Das Auberginenfruchtfleisch mit Kräutern und Dressing mischen und 30–60 Minuten ziehen lassen.

Baba Ganoush

mit Joghurt

FÜR 4 PERSONEN

3 GROßE AUBERGINEN

2 KNOBLAUCHZEHEN

2 EL TAHIN

2 EL OLIVENÖL (PLUS ETWAS ZUM BETRÄUFELN)

4–5 EL ZITRONENSAFT

150 G GRIECHISCHER JOGHURT (10 % FETT)

1½ TL GEMAHLENER KREUZKÜMMEL

SALZ, PFEFFER

2 EL GEHACKTE PETERSILIE (NACH BELIEBEN)

2 EL PINIENKERNE (NACH BELIEBEN)

ZUBEREITUNG

Die Auberginen, wie auf S. 46 beschrieben, im Ofen grillen und abkühlen lassen. Das Fruchtfleisch mit einem Löffel aus der Haut lösen und etwa 30–60 Minuten in einem Sieb abtropfen lassen. Etwa die Hälfte davon klein zerschneiden, den Rest in ein Mixgefäß geben.

Den Knoblauch schälen und fein hacken. Mit dem Tahin zum Auberginenfruchtfleisch in das Mixgefäß geben. Olivenöl, 4 EL Zitronensaft und 2 EL Joghurt zugeben und alles fein pürieren, dann den restlichen Joghurt sowie das klein geschnittene Auberginenfruchtfleisch unterrühren. Mit Kreuzkümmel, Salz, Pfeffer und eventuell übrigem Zitronensaft verrühren.

Das Baba Ganoush in eine flache Schale füllen und glatt streichen. Nach Belieben mit Petersilie und Pinienkernen (diese eventuell vorher in einer Pfanne ohne Fett goldbraun rösten) bestreuen und mit etwas Olivenöl beträufeln.

Tipp

Als Baba Ganoush oder auch Mutabbal kennt und liebt man dieses Püree aus gegrillten Auberginen im gesamten Levante-Raum. Es wird gerne als Mezze zu Brot serviert oder als Beilage zu Falafeln und Shawarma.

Shakshouka

FÜR 4 PERSONEN

2 ROTE PAPRIKA

1 GROẞE ZWIEBEL

2 KNOBLAUCHZEHEN

4 EL OLIVENÖL

SALZ, PFEFFER

1 EL TOMATENMARK

1–3 EL HARISSA

2 DOSEN STÜCKIGE TOMATEN (À 400 G FÜLLGEWICHT)

1 TL GEMAHLENER KREUZKÜMMEL

½ TL GEMAHLENER KORIANDER

½ TL HONIG

4 EIER (GRÖẞE M)

120 G SCHAFSKÄSE (FETA, NACH BELIEBEN)

1 KLEINES BUND KORIANDERGRÜN

FLADENBROT (ZUM SERVIEREN)

ZUBEREITUNG

Die Paprika längs halbieren, putzen, waschen und in kleine, ca. 1 cm große Würfel schneiden. Die Zwiebel schälen und würfeln, den Knoblauch ebenfalls schälen und fein würfeln. In einer beschichteten Pfanne das Olivenöl erhitzen, Paprika hineingeben, leicht salzen, pfeffern und unter Rühren bei großer Hitze 2–3 Minuten braten, dann Zwiebeln und Knoblauch zugeben und bei mittlerer Hitze weitere 3–4 Minuten braten, bis die Zwiebeln goldgelb sind und die Paprika weicher werden.

Tomatenmark und Harissa zugeben und etwa 1 Minute unter Rühren mit anrösten. Dann die Tomaten aus der Dose zügig zugeben und gründlich unterrühren. Mit Kreuzkümmel, Koriander und nochmals Salz und Pfeffer würzen. Alles offen bei mittlerer Hitze 15–20 Minuten garen, bis die Sauce leicht sämig und etwas dicker einkocht. Mit Honig abschmecken.

Mit der runden Seite eines Esslöffels, gleichmäßig versetzt, vier Mulden in die Sauce drücken. Die Eier aufschlagen und einzeln jeweils vorsichtig in je eine Mulde gleiten lassen, sodass das Eigelb noch schön ganz bleibt. Die Eier leicht salzen und pfeffern. Am besten mit einem Deckel (oder Alufolie) zugedeckt bei kleiner bis mittlerer Hitze nochmals 10–12 Minuten garen, bis die Eier gestockt sind – dabei sollte allerdings das Eigelb flüssig bleiben.

Währenddessen den Schafskäse trocken tupfen und in kleine Stücke zerbröckeln. Koriandergrün waschen, trocken schütteln, die Blättchen abzupfen und grob hacken. Shakshouka vom Herd nehmen und mit Schafskäse bestreuen. Kurz ziehen lassen, dann mit dem Koriandergrün bestreuen und mit Fladenbrot zum Dippen und Löffeln servieren.

Pizzabrot
Manakish

FÜR 4 PERSONEN

FÜR DEN TEIG

10 G FRISCHE HEFE (CA. ¼ WÜRFEL, ODER 5 G TROCKENHEFE)

1 TL HONIG

400 G WEIZENMEHL (TYPE 550)

SALZ

5 EL OLIVENÖL

MEHL ZUM ARBEITEN

FÜR DEN BELAG

150 ML OLIVENÖL

4 EL ZATAR (GEWÜRZMISCHUNG, S. 22)

2 TL GETROCKNETER THYMIAN

1 TL GETROCKNETER OREGANO

ZUBEREITUNG

Die Hefe in ein Schälchen zerbröckeln und mit 50 ml lauwarmem Wasser und Honig verrühren. Mit einem sauberen Tuch abgedeckt etwa 10–15 Minuten stehen lassen, bis die Hefe zu arbeiten beginnt. Inzwischen das Mehl in einer Rührschüssel mit ¾ TL Salz mischen und eine Mulde eindrücken

Den Hefeansatz in die Mulde gießen. Weitere 150 ml lauwarmes Wasser gründlich mit Olivenöl verquirlen, zugießen und alles ca. 5 Minuten mit den Knethaken des Handrührgeräts auf kleiner Stufe kneten, bis sich alle Zutaten verbunden haben. Dann weitere 5–10 Minuten auf höchster Stufe kneten, bis der Teig samtig weich und elastisch ist. Gegebenenfalls anfangs noch Wasser zugeben, die Teigmasse sollte zu Beginn eher klebrig feucht sein; sie wird im Verlauf des Knetens automatisch fester.

Den Teig zu einer Kugel rollen und in eine leicht bemehlte Schüssel legen. Die Schüssel mit einem sauberen Tuch abdecken und den Teig 30 Minuten bei Zimmertemperatur gehen lassen. Anschließend nochmals kräftig auf einer bemehlten Arbeitsfläche durchkneten. Dann in 18 etwa gleich große Portionen teilen und daraus jeweils ca. 1 cm dicke, runde Teigfladen (ca. 10 cm Durchmesser) ausrollen. Die Fladen mit etwas Abstand zueinander auf zwei mit Backpapier ausgelegte Bleche verteilen, mit sauberen Geschirrtüchern abdecken und an einem kühlen Ort 4–5 Stunden ruhen lassen.

Den Backofen auf 220 °C (Ober-/Unterhitze) vorheizen. Für den Belag das Olivenöl mit Zatar, Thymian und Oregano verrühren und großzügig auf den Fladen verteilen. Die Fladen auf den Blechen im heißen Ofen (Mitte) nacheinander jeweils 12–15 Minuten goldbraun backen. Herausnehmen und vor dem Servieren noch 5 Minuten abkühlen lassen.

Tipp

Manakish werden oft schon zum Frühstück mit cremigem Frischkäse, frischen Tomaten- und Gurkenscheiben und Oliven gereicht. Oder man bestreicht die Fladen nur mit Olivenöl und bestreut sie mit Meersalz und etwas gehacktem Rosmarin.

Sabbich

FÜR 4 PERSONEN

2 AUBERGINEN

4 EIER (GRÖßE M)

3 EL TAHIN

6 TL ZITRONENSAFT

2 KNOBLAUCHZEHEN

SALZ, PFEFFER

OLIVENÖL ZUM BRATEN

2 EIERTOMATEN

1 KLEINE SALATGURKE

1 ROTE ZWIEBEL ODER SCHALOTTE

1 EL GROB GEHACKTE PETERSILIE

2 EL OLIVENÖL

1 TL SUMACH (GEWÜRZ)

1 GROßE REIFE AVOCADO

4 EL SCHARFES MANGO-PICKLE (AUS DEM ASIALADEN)

4–6 FLACHE PITATASCHEN (FERTIGPRODUKT)

2–3 EL ZHOUG (S. 55)

ZUBEREITUNG

Die Auberginen waschen, putzen, quer in ca. 1 cm dicke Scheiben schneiden, in ein Sieb legen, salzen und ca. 20 Minuten Wasser ziehen lassen. Währenddessen die Eier etwa 8 Minuten hart kochen, kalt abschrecken und abkühlen lassen, anschließend pellen und in Scheiben schneiden. Tahin mit 3 EL Zitronensaft und etwa 6–8 EL Wasser verrühren, sodass eine leicht flüssige Creme entsteht. Den Knoblauch schälen, 1 Zehe dazupressen. Die Sauce mit Salz und Pfeffer würzen.

Die Auberginen kalt abbrausen und gut trocken tupfen. Übrigen Knoblauch fein würfeln. Reichlich Öl – hier sollte man nicht sparen – in einer beschichteten Pfanne erhitzen, darin die Auberginenscheiben bei mittlerer bis großer Hitze 6–8 Minuten beidseitig braten, sie sollten schön weich und gebräunt sein. Gegen Garzeitende Knoblauch zugeben und kurz mitbraten. Auberginen salzen und pfeffern, herausnehmen und auf Küchenpapier abtropfen lassen.

Die Tomaten waschen und erst quer in knapp 1 cm dicke Scheiben schneiden, die Scheiben anschließend in knapp 1 cm große Würfel. Die Gurke schälen und ebenfalls in ca. 1 cm große Würfel schneiden. Die Zwiebel schälen und ebenfalls nicht zu klein würfeln. Alles mit der Petersilie in eine Schüssel geben, mit 2 TL Zitronensaft und Olivenöl mischen, mit Sumach, Salz und Pfeffer würzen und durchmischen. Die Avocado längs halbieren, Schale und Kerne entfernen, das Fruchtfleisch in Spalten schneiden und sofort mit dem übrigen Zitronensaft mischen, damit es nicht braun wird. Das Mango-Pickle mit etwa 3–4 EL Wasser fein pürieren.

Die Pitataschen nach Packungsanweisung aufbacken und leicht abkühlen lassen. In die Öffnung der Taschen Auberginen- und Avocadoscheiben packen, dann Tahinsauce darüberträufeln. Darauf Eierscheiben und Salat geben und alles nach Belieben mit Mangosauce und Zhoug beträufeln.

Zhoug

FÜR 4 PERSONEN

40 G KORIANDERGRÜN

15 G PETERSILIE

2 GRÜNE CHILISCHOTEN

1 KLEINE KNOBLAUCHZEHE

½ TL GEMAHLENER KREUZKÜMMEL

¼ TL GEMAHLENER KORIANDER

¼ TL GEMAHLENER KARDAMOM

⅓ TL BRAUNER ZUCKER

2 EL LIMETTENSAFT

2–3 EL OLIVENÖL

SALZ, PFEFFER

ZUBEREITUNG

Koriandergrün und Petersilie waschen, trocken schütteln, Blätter samt Stielen grob hacken. Die Chilischoten waschen, putzen und samt Kernen in Ringe schneiden. Knoblauch schälen und ebenfalls grob hacken.

Alles mit den gemahlenen Kräutern, Zucker, Limettensaft, 2 EL Olivenöl und 2 EL Wasser nicht zu fein pürieren. Mit Salz und Pfeffer würzen. Wer möchte, füllt die Sauce in ein verschließbares, sauberes Gläschen und bedeckt die Paste ähnlich wie Pesto mit dem übrigen Olivenöl – so hält sie sich gut 1 Woche im Kühlschrank.

Tipp

Zhoug ist wirklich sehr scharf – daher je nach Schärfeempfinden eventuell erst einmal nur 1 Chilischote mitpürieren – wer es ganz scharf will, erhöht auf 3!

Zhoug

Sabbich

Fischbällchen
in Chraime-Sauce

FÜR 4 PERSONEN

FÜR DIE FISCHBÄLLCHEN

800 G WEIßFLEISCHIGES FISCHFILET (Z. B. SEELACHS, ROTBARSCH)

1 BIO-ZITRONE

½ BUND KORIANDERGRÜN

½ BUND PETERSILIE

80–100 G SEMMELBRÖSEL

2 EIER (GRÖßE S)

1 TL GEMAHLENER KREUZKÜMMEL

½ TL GEMAHLENE KURKUMA

SALZ, PFEFFER

OLIVENÖL ZUM BRATEN

½ BUND KORIANDERGRÜN (NACH BELIEBEN)

FÜR DIE SAUCE

2 ZWIEBELN

4 KNOBLAUCHZEHEN

5 EL OLIVENÖL

1 TL KREUZKÜMMELSAMEN

1 TL BRAUNER ZUCKER

1½ EL TOMATENMARK

2 DOSEN STÜCKIGE TOMATEN (À 400 G FÜLLGEWICHT)

2 TL EDELSÜßES PAPRIKAPULVER

3–4 EL HARISSA

SALZ, PFEFFER

1 SALZZITRONE (FERTIGPRODUKT)

ZUBEREITUNG

Für die Fischbällchen das Fischfilet kalt abbrausen, abtupfen, grob würfeln, dabei eventuell vorhandene Gräten entfernen, kühl stellen. Die Zitrone heiß abwaschen, abtrocknen, die Schale abreiben und den Saft auspressen. Die Kräuter waschen, trocken schütteln, Blättchen abzupfen und fein hacken. Den Fisch im Blitzhacker oder der Küchenmaschine mit 4 EL Zitronensaft und der gesamten Zitronenschale, 80 g Semmelbröseln, den Kräutern und den Eiern fein zerkleinern. Mit Kreuzkümmel, Kurkuma, Salz und Pfeffer würzen. Die Masse zugedeckt 30 Minuten kühl stellen.

In der Zwischenzeit für die Sauce die Zwiebeln schälen, längs halbieren und quer in dünne Ringe schneiden. Den Knoblauch schälen und fein würfeln. Das Olivenöl in einer beschichteten Pfanne mit höherem Rand erhitzen, darin die Zwiebeln bei mittlerer Hitze goldgelb dünsten. Kreuzkümmel und Knoblauch zugeben und weitere 3–4 Minuten andünsten. Den Zucker darüberstreuen und karamellisieren lassen, dann das Tomatenmark hinzugeben und unter Rühren kurz mitrösten.

Die Tomaten zugeben, mit Paprikapulver, Harissa, Salz und Pfeffer würzen. Offen bei kleiner bis mittlerer Hitze 20–25 Minuten köcheln lassen, bis die Zwiebeln weich und die Masse schön sämig ist.

Die Salzzitrone vierteln, das Innere herausschneiden und die Zitrone längs in feine Streifen schneiden. Salzzitrone unter die Sauce rühren und nochmals 5 Minuten köcheln lassen.

Währenddessen die gekühlte Fischmasse in 16 Portionen teilen, daraus mit angefeuchteten Händen 16 Kugeln formen und diese leicht flach drücken. Reichlich Öl in einer beschichteten Pfanne erhitzen, darin die Fischplätzchen beidseitig bei mittlerer Hitze 6–8 Minuten leicht braun braten. Anschließend in die Chraime-Sauce legen, Sauce leicht darüberlöffeln und bei kleiner Hitze zugedeckt weitere 15–20 Minuten fertig garen. Inzwischen Koriandergrün waschen, trocken schütteln, Blättchen abzupfen, grob hacken und zum Schluss nach Belieben darüberstreuen.

Tipp

In der Chraime-Sauce garen nicht nur die gebratenen Fischbällchen sehr gut, sondern auch roh eingelegte, leicht gesalzene und gepfefferte Fischfiletstücke, Garnelen oder rundum leicht angebratene Hackbällchen. Und auch die Fischbällchen machen sich nur gebraten ohne Sauce gut auf jeder Mezze-Tafel: Kalt oder lauwarm auf Rucola oder kleingeschnittenem Salat anrichten und mit Koriandergrün bestreuen.

TEL AVIV

Hähnchen
Shawarma

FÜR 4 PERSONEN

6 HÄHNCHENKEULEN (OHNE KNOCHEN, MIT HAUT, VOM METZGER VORBEREITEN LASSEN)

2 ZWIEBELN

35 G FRISCHER INGWER

3 KNOBLAUCHZEHEN

4 EL ZITRONENSAFT

1 TL GEMAHLENER KREUZKÜMMEL

½ TL GEMAHLENE KURKUMA

½ TL CHILIPULVER

¾ TL EDELSÜßES PAPRIKAPULVER

1 TL RAS EL HANOUT (SIEHE TIPP)

¼ TL GETROCKNETER THYMIAN

4 EL OLIVENÖL

SALZ, PFEFFER

ZUBEREITUNG

Das Hähnchenfleisch kalt waschen und gründlich mit Küchenpapier trocken tupfen. Die Zwiebeln schälen, längs halbieren, dann längs in schmale Spalten schneiden. Ingwer und Knoblauch schälen und grob hacken, dann mit Zitronensaft, den Gewürzen, Thymian, Öl, 1 TL Salz und reichlich Pfeffer fein pürieren.

Das Fleisch rundum mit der Marinade einstreichen und abwechselnd mit den Zwiebelspalten in eine Schüssel schichten. Die Schüssel mit Frischhaltefolie verschließen und das Fleisch in der Marinade mindestens 5 Stunden (oder über Nacht) im Kühlschrank ruhen lassen.

Den Backofen auf 180 °C (Ober-/Unterhitze) vorheizen. Die Keulen samt Marinade mit der Haut nach unten auf ein Blech legen, die Zwiebeln darauf verteilen. Die Keulen im heißen Ofen (Mitte) 10 Minuten garen, dann wenden, sodass nun die Hautseite oben liegt, und weitere 10 Minuten garen. Dann den Backofengrill zuschalten, das Blech oben einschieben und die Keulen nochmals 8–10 Minuten grillen, bis die Haut braun und knusprig ist.

Das Fleisch herausnehmen und kurz ruhen lassen. Dann in dünne Scheiben schneiden und auf einer Platte mit den Zwiebeln anrichten, den Bratensaft vom Blech darübergießen und sofort servieren.

Tipp

Ras el Hanout ist eine nordafrikanische Gewürzmischung. Sie besteht aus vielen Gewürzen und wird vom „Besitzer des Ladens" (ras el hanout) nach jeweils eigenem Rezept gemischt. Man bekommt sie bei uns in Gewürz- oder Bioläden.

Blumenkohl

Shawarma

FÜR 4 PERSONEN

1 BLUMENKOHL (CA. 1 KG)

SALZ

1 EL OLIVENÖL

40 G BUTTER

1 KNOBLAUCHZEHE

½ ZITRONE

1 TL GEMAHLENER ZIMT

1 TL SUMACH (GEWÜRZ)

1 TL GEMAHLENER KREUZKÜMMEL

½ TL GEMAHLENER KARDAMOM

¼ TL GEMAHLENE KURKUMA

¼ TL CHILIPULVER

3 MSP. GEMAHLENER PIMENT

PFEFFER

ZUBEREITUNG

Den Backofen auf 180 °C (Ober-/Unterhitze) vorheizen. Währenddessen in einem großen Topf Wasser zum Kochen bringen. Den Blumenkohl waschen und nur die weichen, laschen Blätter entfernen, die dicken, strunkigen Stiele dran lassen. Den Strunk unten so gerade schneiden, dass der Blumenkohl gut stehen kann.

Das kochende Wasser salzen, den Blumenkohl mit dem Strunk nach oben hineinsetzen und offen 6–7 Minuten im sprudelnden Wasser garen. Anschließend herausheben, abtropfen lassen und mit dem Kopf nach oben in eine mit dem Olivenöl ausgepinselte Form setzen.

Die Butter bei kleiner Hitze schmelzen, den Knoblauch schälen und dazupressen. Den Zitronensaft auspressen. Die Gewürze mit der Butter mischen, leicht salzen und den Zitronensaft unterrühren. Nun den Blumenkohl (samt den Strunkblättern) gleichmäßig mit der Gewürzbutter bepinseln, salzen und pfeffern. Die übrige Butter beiseitestellen.

Den Blumenkohl in den heißen Ofen (Mitte) stellen und ca. 1½–2 Stunden garen. Dabei immer wieder – gut alle 20 Minuten – erst mit der übrigen Gewürzbutter, dann mit dem später nach unten ausgelaufenen Fett bepinseln. Der Blumenkohl ist gar, wenn er sich in der Mitte mit einem spitzen Messer leicht tief einstechen lässt und die Röschen außen dunkel gebräunt sind. Wer möchte, schaltet am Ende noch den Grill zu und röstet den Kohl richtig braun – dabei allerdings aufpassen, dass er bzw. die Gewürze nicht verbrennen und bitter werden.

Den Kohl herausnehmen, 4–5 Minuten ruhen lassen, dann längs in ca. 1,5 cm dicke Scheiben schneiden und diese leicht zerkleinern. Der Blumenkohl schmeckt hervorragend auf Brotfladen verteilt, mit Salat, Tomaten, Gurken und einem leckeren Dip!

Levantinischer
Coleslaw

FÜR 4 PERSONEN

½ WEIßKOHL (CA. 400 G)

1 DICKE MÖHRE

3 STANGEN STAUDENSELLERIE

SALZ, PFEFFER

1 APFEL

2 EL ZITRONENSAFT

5 EL MAYONNAISE

4 EL GRIECHISCHER JOGHURT (10 % FETT)

2–3 EL WEIßWEINESSIG

3 EL ROSINEN

100 G WALNUSSKERNE

2 FRÜHLINGSZWIEBELN

ZUBEREITUNG

Die Kohlhälfte nochmals längs halbieren, waschen, den Strunk keilförmig herausschneiden, dann den Kohl quer in ganz feine Streifen schneiden oder hobeln. Die Möhre schälen und grob zum Kohl hobeln. Den Staudensellerie waschen, das Grün abschneiden und beiseitelegen, die Stange in ganz feine Scheiben schneiden und zum Kohl geben. Das Gemüse leicht salzen und pfeffern, dann kräftig mit den Händen durchkneten, bis der Kohl weicher wird und Wasser auszutreten beginnt.

Den Apfel waschen, vierteln, das Kerngehäuse entfernen und die Viertel längs in ganz feine Spalten schneiden. Sofort mit 1 EL Zitronensaft mischen.

Die Mayonnaise mit Joghurt und Essig verrühren und mit Salz, Pfeffer und 1–2 Spritzern Zitronensaft würzen. Das Dressing mit den Rosinen und den Apfelspalten unter den Kohl mischen und kurz ziehen lassen.

Die Walnüsse in einer Pfanne ohne Fett leicht braun rösten, dann herausnehmen und abkühlen lassen, anschließend grob hacken. Frühlingszwiebeln waschen und putzen, den weißen Teil längs achteln und in feine Stückchen schneiden, den grünen in feine Ringe schneiden. Selleriegrün fein hacken.

Walnüsse, Frühlingszwiebeln und Selleriegrün unter den Salat mischen und den Salat nochmals mit Salz, Pfeffer und eventuell Zitronensaft abschmecken. Erneut kurz ziehen lassen und servieren.

Hefezopf

Challah

FÜR 1 ZOPF

FÜR DEN TEIG

1 WÜRFEL HEFE (CA. 42 G)

60 G ZUCKER

550 G MEHL (TYPE 405)
(PLUS ETWAS ZUM BESTÄUBEN)

SALZ

6 EL SONNENBLUMENÖL

3 EIER (GRÖßE M)

ZUM BESTREICHEN

1 EI (GRÖßE M)

ZUCKER

SALZ

2 EL HELLER SESAM

ZUBEREITUNG

Die Hefe in ein Schälchen bröckeln. Etwa 100 ml lauwarmes Wasser und 1 TL Zucker dazugeben, mit der Hefe verrühren und 10–15 Minuten an einem warmen Ort stehen lassen, bis die Hefe zu arbeiten beginnt. Währenddessen den übrigen Zucker, das Mehl und ¾ TL Salz in einer Rührschüssel mischen.

Den Hefeansatz mit 200 ml lauwarmem Wasser und dem Öl zum Mehl geben und alles in 5–6 Minuten mit den Knethaken des Handrührgeräts oder der Küchenmaschine auf kleiner Stufe zusammenkneten, dabei nacheinander die Eier zugeben. Dann weitere 5 Minuten auf höchster Stufe kneten, bis ein flaumiger, weicher Teig entstanden ist, gegebenenfalls noch etwas lauwarmes Wasser zugeben. Den Teig an einem warmen Ort 30 Minuten gehen lassen.

Den Teig in drei oder sechs (siehe Tipp) gleich große bzw. gleich schwere Stücke teilen (am besten mit der Küchenwaage abwiegen). Jedes Teigstück auf wenig Mehl rund wirken; das heißt zu einer Kugel formen, leicht platt drücken, dann diesen Fladen von einer Seite nach innen schlagen, um 45° drehen, dann diese Seite nach innen schlagen, wieder um 45° drehen und die nächste Seite nach innen schlagen, und so weiter, bis eine runde Kugel entstanden ist. Diese wieder flach drücken und den Vorgang drei- bis viermal wiederholen. Zuletzt die drei gewirkten Teigkugeln zugedeckt 15 Minuten gehen lassen. Das Ei für die Glasur mit je 1 Prise Zucker und Salz verrühren.

Die Kugeln anschließend einzeln zu ca. 30 x 40 cm langen Rechtecken ausrollen und jeweils von der langen Seite her aufrollen. Die Teigstränge etwa 5 Minuten ruhen lassen, dann von Hand vorsichtig und gleichmäßig dick (auch an den Enden) zu etwa 40 cm langen Strängen rollen. Die Stränge ganz dünn mit Mehl bestäuben und nebeneinanderlegen. Nun, von der Mitte her beginnend, zu einem Zopf flechten. Die offenen Enden leicht nach unten ineinanderdrücken. Den Zopf auf ein mit Backpapier ausgelegtes Blech legen, mit etwas Ei bepinseln und nochmals 15–20 Minuten ruhen lassen.

In der Zwischenzeit den Backofen auf 200 °C (Ober-/Unterhitze) vorheizen. Den Hefezopf nochmals mit der Eigelbmischung bepinseln,

Tipp

Wer es sich zutraut, flicht einen Zopf mit sechs Strängen, ansonsten einen einfachen mit drei Strängen.

dann mit Sesam bestreuen und im heißen Ofen (Mitte) etwa 10–15 Minuten backen, bis er schön hell gebräunt ist. Dann die Temperatur auf 180 °C reduzieren und weitere 25–30 Minuten goldbraun backen. Sollte er gegen Ende bereits zu dunkel werden, eventuell mit Backpapier abdecken. Blech aus dem Ofen nehmen, den Zopf kurz abkühlen lassen und dann auf einem Kuchengitter vollständig auskühlen lassen.

Krapfen in Sirup

Zalabia

FÜR 4 PERSONEN

FÜR DEN SIRUP

350 G ZUCKER

2 EL ZITRONENSAFT

2–3 EL ORANGENBLÜTENWASSER

FÜR DIE KRAPFEN

1 PCK. TROCKENHEFE

350 G MEHL (TYPE 405)
(PLUS ETWAS ZUM BESTÄUBEN)

SALZ

1 TL GEMAHLENER ANIS

¼ TL GEMAHLENER ZIMT

2 EL OLIVENÖL

ÖL ZUM FRITTIEREN

ZUBEREITUNG

Vom Zucker 2 EL abnehmen und beiseitestellen. Den restlichen Zucker mit 400 ml Wasser in einen Topf geben. Unter Rühren aufkochen und 10–15 Minuten unter gelegentlichem Rühren bei mittlerer Hitze um gut ein Drittel zu einem Zuckersirup einkochen. Zitronensaft unterrühren, kurz mitkochen, dann vom Herd nehmen und abkühlen lassen. Das Orangenblütenwasser unter den abgekühlten Sirup rühren.

Währenddessen für die Krapfen 1 TL des beseitegestellten Zuckers abnehmen und mit der Hefe und 100 ml lauwarmem Wasser verrühren. Zugedeckt etwa 10 Minuten stehen lassen, bis die Hefe zu arbeiten beginnt. Inzwischen das Mehl mit dem übrigem Zucker, 2 Prisen Salz, Anis und Zimt in einer Rührschüssel mischen. Den Hefeansatz dazugeben, 120 ml lauwarmes Wasser mit Olivenöl mischen und ebenfalls dazugeben. Alles mit den Knethaken des Handrührgeräts auf kleiner Stufe 5 Minuten langsam zusammenkneten. Sobald sich alles verbunden hat, auf höchster Stufe 5–10 Minuten kneten, bis der Teig weich, flaumig und eher klebrig-weich ist.

Den Teig in eine mit Mehl ausgestäubte Schüssel geben und mit einem sauberen, eventuell leicht angefeuchteten Tuch abdecken. Etwa 45 Minuten an einem warmen Ort gehen lassen. Dann nochmals gründlich von Hand auf einer leicht bemehlten Arbeitsfläche durchkneten und weitere 30 Minuten gehen lassen. Anschließend aus dem Teig kleine, etwas mehr als walnussgroße Bällchen formen. Mit einem Tuch abdecken und nochmals 10 Minuten gehen lassen.

Währenddessen in einem Topf oder der Fritteuse das Öl erhitzen (ca. 180 °C). Um zu testen, ob das Öl heiß genug ist, kann man einen hölzernen Kochlöffelstiel ins heiße Fett halten. Sobald daran sprudelnd kleine Perlen aufsteigen, hat das Fett die richtige Temperatur. Die Bällchen im heißen Öl portionsweise 3–4 Minuten knusprig braun backen, dabei mit dem Schöpflöffel einmal wenden. Herausnehmen und auf Küchenpapier abtropfen lassen. Die noch warmen Bällchen mit dem Sirup übergießen (oder sie einzeln kurz hineintauchen) und sofort servieren.

Tipp

Die Bällchen schmecken übrigens auch hervorragend mit Honig oder Ahornsirup beträufelt oder noch warm in Zimtzucker gewälzt. Sie werden auch gerne lauwarm zum Frühstück mit Marmelade, Honig und Frischkäse gegessen.

Mandelpudding

Malabi

FÜR 4 PERSONEN

50 G REISMEHL

700 ML MILCH

100 G ZUCKER

100 G GEMAHLENE, GESCHÄLTE MANDELN

1 EL ORANGENBLÜTEN- ODER ROSENWASSER

½ GRANATAPFEL

30 G UNGESALZENE PISTAZIENKERNE

ZUBEREITUNG

Reismehl und 100 ml kalte Milch mit dem Schneebesen glatt und klümpchenfrei rühren. Die übrige Milch mit dem Zucker in einen Topf geben und unter Rühren zum Kochen bringen. Vom Herd nehmen und die Reismehlmilch langsam unter ständigem Rühren zu der heißen Milch geben.

Den Topf wieder auf den Herd stellen und die Milch unter Rühren bei mittlerer Hitze offen 4–5 Minuten köcheln lassen, bis die Creme schön angedickt ist. Mandeln und Orangenblüten- oder Rosenwasser unterrühren und dann den Topf wieder vom Herd nehmen.

Den Pudding in 4–6 kleine Portionsförmchen oder Gläser füllen. Jeweils etwas Frischhaltefolie direkt auf den Pudding legen, damit sich keine Haut bilden kann, und ihn so abkühlen lassen. Im Kühlschrank 5–6 Stunden durchkühlen und fest werden lassen.

Vor dem Servieren die Kerne aus dem Granatapfel herausbrechen, Pistazien grob hacken. Beides auf den Pudding geben und servieren.

Tipp

Mit Rosen- oder Orangenblütenwasser werden in Israel vor allem Süßspeisen und Gebäck für besondere Anlässe aromatisiert. Beides gibt es im Bioladen oder in der Apotheke zu kaufen.

Rugelach
mit Feigenfüllung

FÜR 4 PERSONEN

FÜR DEN TEIG

200 G WEICHE BUTTER

200 G DOPPELRAHMFRISCHKÄSE

SALZ

1 EIGELB (GRÖßE M)

250 G MEHL (TYPE 405) (PLUS ETWAS FÜR DIE ARBEITSFLÄCHE)

FÜR DIE FÜLLUNG

180 G GETROCKNETE SOFT-FEIGEN

2 EL (BITTER-)ORANGENMARMELADE

1 EL ZITRONENSAFT

SAFT VON 1 ORANGE

100 G WALNUSSKERNE

½ TL GEMAHLENER ZIMT

5 EL ROHROHRZUCKER

ZUM BESTREICHEN

1 EIGELB (GRÖßE M)

ZUBEREITUNG

Für den Teig die Butter klein schneiden und mit Frischkäse, ¼ TL Salz, Eigelb und Mehl in eine Rührschüssel geben. Mit den Knethaken des Handrührgeräts zu einem glatten Teig verarbeiten, dabei nicht zu lange kneten, sonst wird er zäh. Den Teig zu einer Kugel formen, in Frischhaltefolie wickeln und 4 Stunden im Kühlschrank ruhen lassen.

Für die Füllung Feigen grob hacken. Mit Marmelade und so viel Zitronen- und Orangensaft pürieren, dass eine streichfähige Masse entsteht. Walnüsse in einer Pfanne ohne Fett kurz rösten, abkühlen lassen. Danach im Blitzhacker mit Zimt und 4 EL Zucker grob hacken.

Den gekühlten Teig halbieren. Die beiden Hälften nacheinander auf einer bemehlten Arbeitsfläche zu einem etwa 3–4 mm dünnen Kreis ausrollen. Die Hälfte der Feigenpaste jeweils bis zum Rand darauf verteilen, die Hälfte der Walnuss-Zucker-Brösel darüberstreuen. Die Füllung sollte in der Mitte des Kreises nicht zu dick sein, sonst fällt sie beim Rollen heraus.

Die Teigkreise gleichmäßig so diagonal durchschneiden, dass jeweils zwölf gleich große Stücke entstehen. Die Dreiecke nun von außen nach innen fest aufrollen und leicht andrücken. Die Röllchen nun mit dem offenen Zipfel nach unten auf mit Backpapier ausgelegte Bleche legen und 30 Minuten an einem kühlen Ort ruhen lassen.

Den Backofen auf 180 °C (Ober-/Unterhitze) vorheizen. Das Eigelb mit 1 EL Wasser verquirlen, die Röllchen damit bestreichen und sofort mit dem übrigen Zucker bestreuen. Im heißen Ofen (Mitte) 20–25 Minuten goldbraun backen. Herausnehmen, erst auf dem Blech, dann auf einem Kuchengitter vollständig auskühlen lassen.

Noch mehr

aus dieser Reihe …

KOCH DICH NACH INDIEN
978-3-7459-1228-9
Preis: 10 € (D) / 10,30 € (AT)

KOCH DICH NACH GRIECHENLAND
978-3-7459-1231-9
Preis: 10 € (D) / 10,30 € (AT)

KOCH DICH NACH JAPAN
978-3-7459-1230-2
Preis: 10 € (D) / 10,30 € (AT)

KOCH DICH NACH ITALIEN
978-3-7459-1229-6
Preis: 10 € (D) / 10,30 € (AT)

Impressum

Bibliografische Information der Deutschen Bibliothek.

Die Deutsche Bibliothek verzeichnet diese Publikation in der Deutschen Nationalbibliografie.

Detaillierte bibliografische Daten sind im Internet über http://www.dnb.de/ abrufbar.

EIN BUCH DER EDITION MICHAEL FISCHER

1. AUFLAGE 2023

Redaktion und Lektorat: Johanna Ederer
Covergestaltung: Theresa Maringer
Layout: Alexandra Wolf
Satz: Theresa Maringer
Food-Fotografie: Maria Panzer

Cover und Seitenmuster (S. 4–79): ©Phoebe Yu/Shutterstock

Moodbilder: S. 1: © Ramy Kabalan/Unsplash; S. 6: © cunaplus/Shutterstock; S. 7. © Roxanne Desgagnés/Unsplash, © Pontus Wellgraf/Unsplash; S. 9: © LaraP_photo/Shutterstock, © Adrienne Leonard/Unsplash; S. 10: © Robert Bye/Unsplash; S. 10, 48: © Victoria Tori Dim/Shutterstock; S. 11, 68/69: © HelgaBragina/Shutterstock; S. 12: © Ben Ostrower/Unsplash, © Anton_Ivanov/Shutterstock; S. 26, 60: © Cole Keister/Unsplash; S. 26/27: © Sergii Figurnyi/Shutterstock, © Alex Block/Unsplash, © Simon Goetz/Unsplash, © Tomas Jasovsky/Unsplash, © Seva_blsv/Shutterstock; S. 26/27, 49, 69: © Yulia Grigoryeva/Shutterstock; S. 37: © Avi Naim/Unsplash, © diy13/Shutterstock; © Charbel Boujaoude/Shutterstock, © Radu Marcusu/Unsplash; S. 48/49: © Ole Dole/Shutterstock, © Barbarajo/Shutterstock, © Blake Campbell/Unsplash, © John T/Unsplash, © Pikoso.kz/Shutterstock; S. 60/61: © SK Design/Shutterstock, © Protasov AN/Shutterstock, © Tanya Stolyarevskaya/Shutterstock; S. 61, 68: © Toa Heftiba/Unsplash; S. 61, 69: © Shai Pal/Unsplash; S. 68/69: © Kat Maryschuk/Unsplash, © Nina Abdel Malak/Unsplash; S. 78: © Josh Appel/Unsplash, © Dubova/Shutterstock, © Arno Smit/Unsplash, © Ihor Saveliev/Unsplash

Icons: © Pavel Smolyakov/Shutterstock; © Sudowoodo/Shutterstock; © Skeleton Icon/Shutterstock; © Picture Window/Shutterstock; © Cube29/Shutterstock; © Happy Art/Shutterstock

ISBN 978-3-7459-1553-2

Gedruckt bei Polygraf Print, Čapajevova 44, 08001 Prešov, Slowakei

www.emf-verlag.de